AF602418

# PROJET DE LOI

SUR

# LES SOCIÉTÉS

## DÉLIBÉRATION

DU TRIBUNAL ET DE LA CHAMBRE DE COMMERCE

**DE NANTES**



NANTES
IMPRIMERIE DE L'OUEST, BLOCH, LE GARS ET MÉNARD
32 ET 34, RUE DE LA FOSSE, 32 ET 34

1886

# PROJET DE LOI

SUR

# LES SOCIÉTÉS

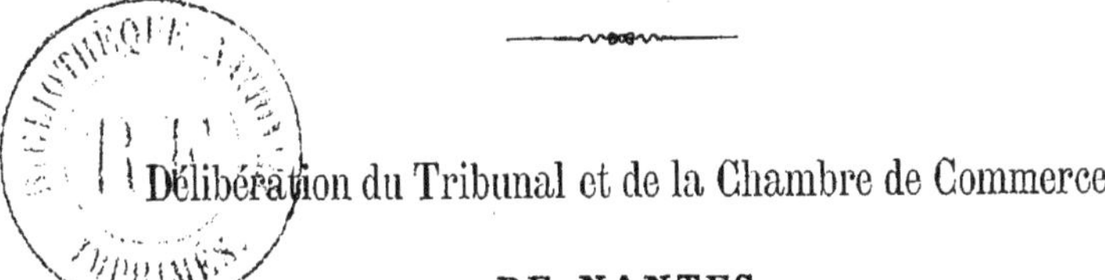

Délibération du Tribunal et de la Chambre de Commerce

DE NANTES

Messieurs les Membres du Tribunal et de la Chambre de Commerce de Nantes, réunis en séance le 4 Janvier 1886, ont entendu la lecture du Rapport suivant présenté par M. Delaunay de Saint-Denis, Membre de la Chambre de Commerce :

Messieurs,

Par deux lettres en date des 23 juillet et 23 octobre 1885, M. le Ministre du Commerce a demandé l'avis de la Chambre de Commerce de Nantes sur les modifications qu'il est question d'apporter à la législation du 24 juillet 1867, sur les sociétés. Un projet de loi, à ce sujet, a été discuté par le Sénat, et adopté par lui le 29 novembre 1884. Il a été déposé ensuite, le 2 février 1885, à la Chambre des députés.

Vous m'avez chargé d'examiner ce projet de loi et de vous en rendre compte ; je viens, en conséquence, vous prier de suivre avec moi la discussion qui a eu lieu au Sénat sur les différentes questions soulevées.

M. Bozérian, rapporteur, a fait remarquer, dans une observation préliminaire, que le titre de la loi de 1867 " Loi sur les sociétés, " était inexact, cette loi ne s'occupant que des sociétés par actions, sauf dans un de ses titres, celui qui concerne les formalités de publicité, lequel s'applique à toutes les sociétés. La nouvelle loi portera donc pour titre " Loi sur les sociétés par actions. "

## TITRE Ier

### Des Sociétés anonymes par actions.

L'article 3 du projet, plus large que la loi actuelle, autorise la division du capital en actions, ou coupures d'actions de moins de 50 fr., lorsque le capital n'excède pas 100.000 fr. ; la loi de 1867 n'admet en aucun cas des coupures inférieures à 100 fr.

L'art. 4 dispose que tout bulletin d'une souscription d'une société doit contenir :

1° L'indication sommaire de l'objet de la société ;

2° Le montant du capital social ;

3° La partie du capital social représentée par des apports en nature ;

4° La partie du capital à réaliser en espèces ;

5° Les avantages particuliers réservés aux fondateurs ;

6° La date de la publication du projet d'acte de société au bulletin prévu par l'art. 63.

Les affiches, prospectus, insertions dans les journaux, circulaires, devront contenir les mêmes énonciations.

L'omission totale ou partielle des indications prescrites par le présent article donne lieu à une responsabilité civile ou pénale, soit contre les auteurs de cette omission, soit contre ceux qui leur auront prêté sciemment leur concours. Cette responsabilité est limitée à une année, à partir de la publication de l'acte constitutif de la société.

Le but de ces dispositions nouvelles est évident, c'est d'éclairer le public, dont on demande l'argent, sur les conditions fondamentales de l'affaire qui lui est proposée, et on ne peut que donner une approbation complète à ces prescriptions.

L'art. 5 dit, d'une manière plus formelle et plus absolue que la loi de 1867, que les actions ne sont ni négociables ni cessibles avant la constitution définitive de la société, mais il innove en prescrivant que les actions resteront nominatives jusqu'à leur entière libération, au lieu de pouvoir être mises au porteur après libération de moitié.

La responsabilité des titulaires, des cessionnaires intermédiaires et des souscripteurs est déterminée par l'art. 6. Le cessionnaire et les souscripteurs ne peuvent être appelés que dans l'instance engagée contre le titulaire en paiement des versements non effectués. L'exploit introductif d'instance contiendra, sous peine de nullité, l'indication des noms et du domicile du souscripteur primitif de l'action et des divers cessionnaires intermédiaires, avec la date des transferts, et toute partie engagée dans l'instance a le droit d'exiger la communication du registre des transferts. La responsabilité des versements non effectués pour tout souscripteur ou actionnaire, qui a cédé son titre, cesse deux ans après la cession ou la négociation.

Approbation complète nous paraît encore devoir être donnée à ces dispositions des articles 5 et 6. Le législateur a voulu, sagement, couper court à ces scandaleux trafics, sur des titres qui ne sont pas nés, et faire réfléchir en leur imposant une responsabilité personnelle plus prolongée, ces spéculateurs qui ne voient dans une souscription à une affaire qu'une prime à gagner, en s'en débarrassant au plus tôt. Les souscripteurs sont, avec les promoteurs d'une entreprise, ses véritables fondateurs, et il est juste de leur conserver leur responsabilité initiale pendant un temps déterminé. Quant aux cessionnaires intermédiaires, il est juste qu'ils répondent pendant le même temps du titulaire auquel il leur a plu, sans l'intervention de la société, de transférer leurs obligations envers celle ci : Ces responsabilités sont d'ailleurs de nature à fortifier le crédit des sociétés.

L'art. 7 s'occupe des apports en nature. Ils ne pourront, dit-il, être représentés que par des actions libérées en totalité. Ces actions ne pourront être détachées de la souche et négociées que deux ans après la constitution définitive de la société. Pendant ce temps, elles seront, à la diligence des administrateurs, frappées d'un timbre indiquant leur nature et la date de cette constitution. Précaution fort sage contre ces industriels trop intelligents, qui veulent passer au compte du public, avec une belle majoration, les établissements dont ils sont embarrassés, en lui écoulant, à l'aide d'une hausse factice qu'ils entretiennent facilement pendant les premiers temps, les titres qu'ils ont reçus en paiement de leurs apports. Il est douteux que leurs efforts réussissent pendant deux ans à abuser le public sur la valeur réelle de l'affaire, et lorsque les titres deviendront négociables, à cette époque, il ne les prendra que bien au courant de la situation.

L'art. 8 traite des avantages consentis aux fondateurs ou à toute autre personne, pour des services particuliers. On a donné à ces avantages, dans le langage usuel de la finance, le nom de parts de fondateurs. Ils pourront être représentés par des titres cessibles, ou négociables, ne donnant droit qu'à une part dans les bénéfices, lesquels, sauf stipulation contraire, seront calculés après prélèvement d'un intérêt de 5 °/₀ au moins, au profit des actions. Ces parts, explique le rapporteur, n'ont absolument aucun droit sur l'actif social, après la liquidation. Doit être considéré comme bénéfice l'actif distribuable au moment de la liquidation, après le remboursement du capital aux actionnaires. Mais rien n'empêche qu'au lieu de parts de fondateur, il ne soit attribué, comme rémunération, des actions ordinaires.

L'art. 9 règle une question fort grave et fort délicate, celle de la vérification des versements et des apports. Aucune société ne peut être constituée qu'après : 1° la souscription de l'intégralité du capital social; 2° le versement du quart. Comment s'assurera-t-on du versement effectif, sincère, de ce quart dans la caisse de la société, qui en devient réellement propriétaire pour en disposer à son profit? Comment empêcher qu'il ne soit présenté des piles d'écus et des billets de banque de parade, complaisamment prêtés pour la circonstance, et qui rentreront dans la poche de leurs propriétaires, comme des figurants dans la coulisse, après la représentation terminée? La Commission a cherché un moyen sûrement efficace et n'en a pas trouvé. Elle n'a pu que donner aux intéressés le droit et la facilité de vérifier la réalité du versement du quart. A cette fin, une assemblée générale est convoquée à la diligence des fondateurs, postérieurement à l'acte qui constate la souscription du capital social, et le versement du quart de ce capital. Cette assemblée vérifie la sincérité de cet acte. Si la demande en est faite par le quart des actionnaires présents, la sincérité de la déclaration des fondateurs est soumise à l'appréciation de un ou de trois experts nommés par le Président du Tribunal de commerce du lieu où le montant de ce versement a été déposé. Le rapport de ces experts est imprimé et distribué à chaque actionnaire dix jours au moins avant la réunion qui doit statuer. Quant à la vérification des apports en nature et de la cause et de l'importance des avantages concédés à certaines personnes, les art. 10 et 11 maintiennent, en lui donnant plus de précision et plus de garanties, la procédure établie par la loi de 1867, en réservant, dans les conditions qui viennent d'être exposées, le droit des actionnaires à une expertise.

Mais ici, une considération se présente à l'esprit : la situation des commissaires vérificateurs deviendra fort délicate et désagréable, si les experts nommés après le dépôt de leur rapport viennent affirmer que les appréciations qu'ils ont faites des apports et des avantages sont empreintes d'exagération et inacceptables. Il serait préférable de faciliter le travail des commissaires et de donner plus d'autorité à leur jugement, en édictant que l'expertise précéderait obligatoirement leur rapport, au lieu de le suivre, tout en réservant, après le dépôt du rapport, au quart des actionnaires réunis dans la deuxième assemblée générale, le droit de demander une nouvelle vérification, au moyen d'une contre-expertise. Qu'on ne s'étonne pas de ce luxe de précautions pour assurer la sincérité des apports, qui ne consistent pas en espèces, et la justification des avantages stipulés par certaines personnes à leur profit. C'est toujours, en effet, par une exagération de la valeur des apports et par la concession d'avantages léonins, que pèchent les sociétés lorsqu'elles se fondent, et qu'elles ruinent, tôt ou tard, ceux qui, trop confiants, en deviennent actionnaires. On ne saurait donc apporter trop de soin à leur vérification. En n'autorisant l'expertise que sur la demande du quart des actionnaires présents, le projet de loi n'établit qu'une protection plus apparente que réelle, car on sait que dans la plupart des cas, les sociétés se forment entre un petit groupe de fondateurs et d'amis complaisants, et il serait, le plus souvent, bien difficile, dans l'assemblée générale, de trouver un quart d'actionnaires indépendants, qui demandassent une expertise. Et pourquoi cette exigence du quart ? La société n'est pas constituée, elle n'est encore que conditionnelle, pour les actionnaires. Est-ce que, si le dixième, le vingtième, un seul même des actionnaires, a des doutes sur la loyauté et l'exactitude des déclarations des apporteurs, sur le bien fondé des avantages consentis, il serait juste de refuser à ces actionnaires, ou même à ce seul actionnaire, le droit de vérifier des points aussi importants pour l'avenir de la société ? Je voudrais donc que l'article 11 fût ainsi modifié :

| TEXTE DU SÉNAT | TEXTE PROPOSÉ |
|---|---|
| Art. 11. — La seconde assemblée ne peut statuer sur l'approbation des apports, ou des avantages, qu'après un rapport fait par les commissaires nommés dans la première assemblée. | *Conforme.* |
| | AJOUTER : Ce rapport ne peut être présenté par eux qu'après une expertise faite par un ou trois experts désignés par le Président du Tribunal de Commerce du lieu du siège social. |
| Des exemplaires de ce rapport, etc. | *Conforme.* |
| Cette assemblée composée, etc. | *Conforme.* |
| Dans tous les cas, si le quart des actionnaires présents le demande, il doit être procédé à la vérification de la valeur des apports, ainsi que de la cause et de l'étendue des avantages, *par un ou trois experts désignés contradictoirement avec un délégué des réclamants par le Président du Tribunal de Commerce du lieu du siège social.* | Dans tous les cas, si le quart des actionnaires le demande, il doit être procédé à une nouvelle vérification des apports, ainsi que de la cause et de l'étendue des avantages, *au moyen d'une contre-expertise à laquelle il sera procédé comme il est dit au deuxième paragraphe.* |

La société achève de s'organiser. La même assemblée générale, dont l'article 9 avait prescrit la réunion, nomme les administrateurs et les commissaires. Rien n'est changé, à cet égard, à la loi de 1867; seulement la commission ajoute, et elle a raison de le faire, pour établir un point de droit longtemps controversé : « *Les administrateurs sont toujours révocables,* » et cela lors même qu'ils tiendraient leur nomination d'une disposition statutaire. Il est de principe, en effet, qu'un mandataire est essentiellement révocable, et l'on ne comprendrait pas, qu'en cas de désaccord entre un conseil d'administration et la majorité des actionnaires, ce fût celle-ci qui dût être contrainte de céder.

Mais la société n'est pas encore définitivement constituée. Une dernière formalité, une dernière précaution, que la loi de 1867 exigeait pour les sociétés en commandite par actions, mais qu'elle avait oublié d'imposer aux sociétés anonymes, est ainsi stipulée par l'article 16 : La société est constituée à partir de l'acceptation des administrateurs et des commissaires,constatée soit par le procès-verbal de l'assemblée réunie en vertu de l'art. 10, soit par un acte passé devant notaire, sous la réserve suivante : les commissaires doivent, immédiatement après leur nomination, vérifier si toutes les dispositions contenues dans les articles qui précèdent ont été observées. S'ils constatent l'inobservation d'une ou de plusieurs de ces dispositions, ils doivent, avant qu'aucune opération sociale ait été commencée, mettre les administrateurs en demeure de s'y conformer et de convoquer, à bref délai, la réunion d'une assemblée générale à laquelle il sera rendu compte et demandé une approbation nouvelle; dans ce cas, la société n'est définitivement constituée qu'après cette approbation.

Aucune modification n'est apportée à la composition et au fonctionnement des assemblées générales. Mais, se préoccupant, à juste titre, des abus scandaleux commis dans certaines assemblées générales, aux dépens des minorités, par des majorités complaisamment composées, l'article 23 dispose que :

l'assemblée générale peut modifier les statuts de la société, si les statuts eux-mêmes autorisent à le faire. Mais, sauf dispositions contraires, expressément insérées dans les statuts, l'assemblée générale ne peut : 1° augmenter ou diminuer le chiffre du capital social; 2° prolonger ou réduire la durée de la société (1); 3° changer la quotité de la perte qui rend la dissolution obligatoire; 4° décider la fusion avec une autre société; 5° modifier le partage des bénéfices. Dans aucun cas, l'assemblée générale ne peut changer l'objet essentiel de la société. Il y a, en effet, dans toute société, des dispositions fondamentales, essentielles du contrat, qui ne sont pas, par conséquent, à la disposition d'une majorité changeante, mais qui doivent être immuables, parce qu'elles forment le droit et la garantie de chacun des contractants. En première ligne, se place l'objet même de la société; c'est le domaine de chaque actionnaire individuellement, et de même qu'il a fallu l'unanimité de tous pour le créer, il faudra leur unanimité pour le changer. Les autres modifications énumérées à l'acte ont une importance considérable, et devront avoir été spécialement prévues et autorisées par les statuts pour pouvoir être accomplies. La commission a eu raison d'exiger cette prévision formelle et spéciale, et de ne pas simplemont permettre l'insertion dans les statuts de cette formule banale: “ *l'assemblée générale peut modifier les statuts de la société,* ” à l'abri de laquelle les faiseurs et les exploiteurs auraient pu faire faire, au détriment des actionnaires sérieux, tout ce qu'ils auraient voulu.

Avec l'article 29 nous entrons dans une série d'innovations que nous allons successivement parcourir. L'article 29 dispose que les statuts peuvent déclarer que les intérêts seront payés aux actionnaires, même en l'absence de bénéfices, sous les conditions suivantes: 1° que le taux de ces intérêts ne puisse pas

(1) A défaut de clause expresse dans les statuts, les actes prévus à ces deux paragraphes seront valables s'ils ont ont été faits avec le consentement unanime des actionnaires.

dépasser 5 % des sommes versées ; 2° que ce prélèvement ne puisse avoir lieu que dans la période de premier établissement, dont le terme est fixé par les Statuts, sans pouvoir être dépassé ; 3° que cette clause des statuts soit rendue publique. Aucune répétition d'intérêts ne pourra être exercée que s'il a été contrevenu aux dispositions qui précèdent. L'action en répétition, dans le cas où elle est ouverte, se prescrit par cinq ans à compter du jour fixé pour le paiement des intérêts. Ces dispositions sont fort sages, et il était nécessaire de les formuler dans une loi, la jurisprudence seule ayant eu, en l'absence de textes, à se prononcer jusqu'à ce jour sur la validité du paiement d'intérêts pris forcément sur le capital. Dans les grandes entreprises qui s'exécutent de nos jours, — et le rapporteur cite comm-exemple frappant le canal de Panama, — des capitaux considérables sont absorbés, un temps fort long est dépensé avant qu'elles soient en état de fonctionner et de produire. Les actionnaires ont besoin cependant d'un revenu de leur argent, et ils ne sauraient attendre pour toucher que la période de premier établissement soit accomplie. S'ils doivent être pendant des années privés de tout revenu, sans nul doute ils porteront leurs capitaux dans d'autres placements.

L'article 30 règle un autre point, qui est l'objet de nombreuses difficultés dans les liquidations de sociétés qui ont mal tourné. Bien souvent des dividendes ont été payés dont la distribution n'aurait pas dû être autorisée. L'article dit qu'aucune répétition de dividendes ne pourra être exercée contre les actionnaires, si ce n'est dans le cas où la distribution aura été faite en l'absence de tout inventaire ou en dehors des résultats constatés par l'inventaire. L'action en répétition, dans le cas où elle est ouverte, se prescrit par cinq ans, du jour fixé pour la distribution des dividendes.

L'article 31 a trait à un autre point très intéressant. En voici le texte : Dans le cas où les sociétés ont continué à payer les intérêts ou dividendes, des actions, obligations, ou tous autres titres remboursables par suite d'un tirage au sort, elles ne peuvent répéter ces sommes, lorsque le titre est présenté au remboursement. Cela est juste. En effet, si tant est qu'il y ait tort du côté de l'actionnaire ou de l'obligataire, de ne pas avoir vérifié si le numéro de son titre est sorti au tirage, le tort est plus grave du côté de la société qui n'a pas fait cette vérification, et a payé les coupons qui lui étaient présentés. D'ailleurs, ayant joui du capital, tant qu'il ne lui a pas été réclamé, il est logique qu'elle paie les intérêts lorsqu'elle le rembourse, autrement elle s'enrichirait aux dépens d'autrui, et trouverait ainsi profit et encouragement à être négligente.

L'art. 33 soulève une question très grave. Il interdit aux sociétés d'acheter leurs propres actions, sauf dans les cas suivants : 1° lorsque ce rachat est fait pour un amortissement prévu par les statuts ; 2° lorsque ce rachat se faisant en vue d'une réduction du capital social, toutes les conditions et formalités prescrites pour cette réduction ont été remplies. Les titres d'actions ainsi rachetés par une société doivent être annulés. La nullité des achats faits contrairement aux dispositions du présent article ne peut être prononcée qu'autant que le vendeur a été de mauvaise foi. En rédigeant et votant cet article, la Commission et le Sénat se sont souvenus des scandales financiers, qui ont causé tant de désastres à la bourse de Paris, il y a quelques années. Ils ont voulu en prévenir le retour en empêchant les sociétés de spéculer sur leurs propres titres, et je suis d'avis qu'ils ont eu parfaitement raison. Une société doit se tenir rigoureusement à l'écart des combats que se livrent sur ses actions les spéculateurs à la hausse et les spéculateurs à la baisse. C'est une erreur et un danger de prétendre que cette société doive intervenir, pour soutenir ses titres, dévier de son but, de ses fonctions, en se faisant spéculatrice elle-même, au lieu de s'occuper de ses affaires ordinaires et normales. Qu'elle laisse passer tranquillement la bourrasque. Si sa situation est bonne, les cours de ses actions regagneront forcément leur niveau. Si elle est mauvaise, ses achats d'actions ne l'amélioreront pas, ils ne feront que la masquer par des cours surfaits, et comme il lui faudra bien liquider le paquet de titres dont elle se sera ainsi chargée, elle précipitera son désastre. C'est là de l'histoire financière, et encore une fois la législation nouvelle établie par l'art. 33 me paraît infiniment sage. L'art. 34 y ajoute cette sanction : Les administrateurs qui, hors des cas prévus par l'article précédent, ont fait ou autorisé les achats, sont dans tous les cas responsables envers la société des conséquences de cette opération.

L'art. 35 interdit aux administrateurs, comme dans la loi de 1867, de prendre ou de conserver un intérêt direct ou indirect dans une entreprise, ou dans un marché fait avec la société, ou pour son compte, à moins qu'ils n'y soient autorisés par l'Assemblée générale, mais il ajoute cette précaution que l'autorisation doit être donnée nominativement et expressément pour chaque affaire.

L'art. 36 détermine dansl es mêmes termes que les art. 44 et 43 de la loi de 1867 la responsabilité des administrateurs. L'art. 41 s'occupe spécialement de la responsabilité qui est encourue, lorsque la nullité de la société a été prononcée pour la violation des règles prescrites par la présente loi. Lorsque la nullité est prononcée pour violation des prescriptions imposées aux fondateurs, ceux-ci sont solidairement responsables à l'égard des tiers ou des actionnaires du dommage résultant de cette annulation. La même responsabilité solidaire peut être appliquée contre les administrateurs en fonctions au moment ou la nullité a été encourue, contre les commissaires qui n'ont pas procédé à la vérification prescrite par l'art. 16, et contre ceux des associés dont les apports, ou les avantages, n'ont pas été vérifiés et approuvés conformément aux articles 10 et 11. Ainsi responsabilité nécessaire, inéluctable, à la charge des fondateurs, responsabilité possible seulement, pour les administrateurs et les commissaires, s'il est relevé une faute à leur charge, et dans tous les cas, pour les uns comme pour les autres la responsabilité se mesure au dommage causé. C'est ce qu'explique très nettement le rapporteur, en faisant ressortir que, d'après les termes absolus et peu clairs de la loi de 1867, art. 42, la jurisprudence avait été entraînée à rendre les fondateurs et les administrateurs en fonctions responsables, non seulement de tout le dommage causé, mais de tout le passif et des versements des actionnaires. Il fait de plus remarquer, qu'en matière de société en commandite, la loi de 1867, art. 8, ne rendait responsable, soit le gérant, soit les membres du conseil de surveillance, soit les associés dont les apports ou les avantages n'auraient pas été régulièrement vérifiés, que du dommage résultant pour la société, ou pour les tiers, de l'annulation de la société. Il n'y avait aucune bonne raison de traiter les fondateurs, administrateurs et commissaires d'une société anonyme, avec une sévérité spéciale, et la commission a bien fait de porter son attention sur ce point. L'art. 43 limite la durée de l'action en nullité de la société et de l'action en responsabilité qui résulte de cette nullité à trois ans après le jour ou la nullité a été encourue, mais il ajoute, " lorsqu'avant l'introduction de la demande la cause de nullité a cessé d'exister. "

Qu'est-ce que cela veut dire? Il est assez difficile de le démêler, si l'on ne consulte que le texte. L'action en nullité peut s'exercer pendant trois ans, lorsque, avant l'introduction de la demande, la cause de nullité a cessé d'exister. D'où il faudrait conclure, si l'on est logique, que lorsque la cause de nullité existe toujours, l'action en nullité n'est pas recevable. Cette première interprétation, si logiquement déduite qu'elle soit du texte, est évidemment absurde. Dira-t-on, alors, que si la durée de l'action est limitée à trois ans, lorsqu'il a été remédié au vice dont la société était atteinte, elle s'étendra au-delà de trois ans, c'est-à-dire à trente ans, conformément au droit commun, lorsque ce vice n'aura pas été corrigé pendant les trois premières années? Cette deuxième interprétation est certainement raisonnable, et rien ne s'oppose dans le texte à ce qu'elle soit admise. Cependant, il ne semble pas, d'après les termes un peu contradictoires du rapport de M. Bozérian, que ce ce soit là ce qu'aient voulu les auteurs de la loi. Il résulte du silence de la loi de 1867 sur la question, que l'action en nullité peut être exercée pendant trente ans. Il est incontestable qu'une action intentée après un aussi grand nombre d'années aura pour effet d'inquiéter des intérêts innombrables, et que la seule perspective qu'une telle action soit possible, malgré le soin scrupuleux qu'on aura mis, lors de la fondation de la société, à observer les règles prescrites, suffirait pour détourner bien des gens d'y participer. L'esprit de la loi nouvelle est donc que dans aucun cas l'action en nullité ne sera recevable après trois années. Mais il est vraiment besoin que la rédaction de cet article soit plus précise et plus claire. Il suffirait sans doute d'y introduire un seul mot : " *lors même* qu'avant l'introduction de la demande la cause de nullité *aurait* cessé d'exister. "

L'article poursuit dans un second paragraphe : « Lorsque les causes de nullité des actes ou délibérations sont postérieures à la constitution de la société, les actions ne sont plus recevables trois ans après le jour où la nullité a été encourue. » Les nullités que prévoit ce deuxième paragraphe, qui résultent d'actes ou de délibérations postérieures à la constitution de la société, sont d'ordre infiniment moins grave, et l'on comprend qu'à leur égard l'action *ne puisse plus être introduite* après le jour où la nullité aura été couverte dans le cours des trois années, et après les trois années écoulées, si elle n'a pas été réparée.

L'article 42 règle une situation que la loi de 1867 avait oublié de prévoir, et dont la jurisprudence se tirait avec assez d'embarras. Lorsqu'une société est déclarée nulle, que devra-t-il advenir des versements restant à effectuer par les actionnaires ? Les actionnaires, dit l'article, restent soumis à l'obligation d'opérer les versements non effectués sur le montant de leurs actions, et les créanciers sociaux conservent vis-à-vis des créanciers personnels des associés un droit de préférence sur tout l'actif social qui pourra être réalisé. Cela était utile à dire, car rigoureusement, si la société est déclarée nulle, elle n'a jamais existé légalement, les tiers ont le droit de se prévaloir de cette nullité; il n'y a jamais eu de société, partant, pas de créanciers sociaux ; l'actif se divise, et chacune de ses fractions est la propriété personnelle d'un actionnaire, laquelle devient le gage de ses créanciers particuliers, aussi bien que celui des créanciers qui avaient traité avec la société. C'est là une exagération d'un principe, qui conduit à une injustice. La société a existé en fait, et ce fait nul ne peut le supprimer, et sa liquidation doit logiquement se faire comme société, et non autrement.

L'article 44 prévoit le cas où, après la constitution d'une société, ses actions seraient mises en vente. Nous avons vu cela souvent, dans ces dernières années. Des spéculateurs amassent de gros lots d'actions, des syndicats se forment et offrent au public les quantités qu'ils possèdent. Dans le cas de mise en vente publique d'actions, non ordonnée par justice, l'article 44 prescrit que les affiches, prospectus, insertions dans les journaux, circulaires, bulletins de souscription ou d'achat, devront contenir les énonciations détaillées en l'article 4, et en outre la date constitutive de la société, ou, si le capital a été augmenté, la date de l'assemblée générale qui a voté cette augmentation, et le montant par action de la somme restant à verser. La loi a raison de vouloir que le public soit prémuni et éclairé aussi bien quand il s'agit de souscrire aux actions d'une société en formation que d'acheter des actions d'une société établie. Les dispositions du dernier paragraphe de l'article 4 (sanctions pénales) sont applicables à l'article 44.

Avant de quitter le titre des sociétés anonymes, je veux vous faire part d'une réflexion. Il est une disposition dont je regrette que le projet de loi ne fasse pas mention. L'article 18 de la loi du 23 mai 1863 sur les sociétés à responsabilité limitée, ordonnait qu'une copie du bilan résumant l'inventaire, et du rapport des commissaires, fût déposée au greffe du tribunal de commerce quinze jours au moins avant la réunion de l'Assemblée générale. La raison de cette disposition est évidente. Puisque la société n'est responsable que jusqu'à concurrence du montant de ce capital, il est incontestable que les tiers qui peuvent être appelés à contracter avec elle, aient les moyens de connaître quelle est la situation de ce capital lors du règlement de chaque exercice. La société a l'obligation d'autant plus rigoureuse de fournir cette publicité que, dans tous les documents qui émanent d'elle, figure en tête l'indication de son capital de fondation, ce qui est un véritable leurre pour les tiers, si les moyens ne leur sont pas donnés de vérifier si ce capital est ou non intact. Les sociétés anonymes étant, sous une forme particulière, des sociétés à responsabilité limitée, pareille règle doit incontestablement leur être appliquée.

## TITRE II

### Des Sociétés en commandite par actions.

Les dispositions du titre précédent, dit l'article 46, sont applicables aux sociétés en commandite par actions, sous les exceptions et modifications qui suivent, et l'article 54 excepte les dispositions des articles 2, 14, 15, 24, 25, 26 § 1, 2 et 4, 27, 28, 38, 39, qui tracent des règles et obligations spéciales aux sociétés sous forme anonyme. Cette déclaration faite, il restait peu de choses à détailler qui fût particulier aux sociétés en commandite, le rôle du gérant, la nomination, les fonctions et la responsabilité des membres du conseil de surveillance. La loi nouvelle est la reproduction textuelle de la loi de 1867. Elle précise toutefois, dans l'article 48, que la société est constituée à partir de l'acceptation des membres désignés pour faire partie du conseil de surveillance, *sous la réserve suivante :* Ce premier conseil doit, immédiatement après sa nomination, vérifier si toutes les dispositions de la loi ont été observées, et procéder comme il est dit à l'article 16. Ainsi, la société n'est définitivement constituée qu'après cette vérification faite. Ces mots, *sous la réserve suivante*, sont inscrits dans l'article 16, dont notre article n'est que la répétition appliquée aux sociétés en commandite ; ils ont été oubliés dans la rédaction de l'article 48, et il est essentiel de les rétablir, pour subordonner l'effet de la déclaration du § 5 à l'exécution des prescriptions du paragraphe suivant, autrement il y aurait antinomie entre les deux. D'après la loi de 1867, la société est constituée après la souscription du capital et le versement du quart, ou si un associé a fait un apport autrement qu'en numéraire, ou a stipulé à son profit des avantages particuliers, après la vérification et l'approbation de cet apport ou de cet avantage dans deux assemblées générales.

L'article 49 reproduit une disposition de la loi de 1867, en édictant que les membres du conseil de surveillance ne sont pas civilement responsables des délits commis par le gérant. Mais ils ne doivent pas oublier que le paragraphe précédent les rend responsables de leurs fautes personnelles dans l'exécution de leur mandat, conformément au droit commun, et je ne doute pas, par conséquent, que si leur incurie ou leur aveuglement a favorisé les méfaits du gérant, ils n'en soient responsables vis-à-vis des actionnaires. Le rapporteur s'est expliqué très formellement à cet égard dans la deuxième délibération de la loi. Ces expressions « ne sont pas civilement responsables », qui laissent un peu à désirer, il le reconnaît, ne signifient point que les membres du conseil d'administration ne seront pas responsables des délits commis par le gérant : elles veulent dire que leur responsabilité ne pourra pas être poursuivie civilement, dans l'instance correctionnelle dirigée contre le délinquant ; l'on n'a pas voulu associer à son nom, dans une même instance, les noms d'hommes honorables, mais la responsabilité de ces hommes, s'ils sont argués de faute, d'incurie ou de négligence, pourra être invoquée devant la juridiction civile ou la juridiction commerciale.

## TITRE III

### Dispositions particulières aux Sociétés à capital variable.

Deux modifications seulement sont apportées par la loi nouvelle à la législation de 1867.

La première, article 57, a trait au fonctionnement du capital. Le minimum des actions ou coupures d'actions sera de 25 fr., au lieu de 50. C'est une facilité donnée pour la constitution de ces petites sociétés, spécialement des sociétés coopératives, dont les adhérents n'ont pas de grands moyens financiers.

La seconde, article 60, réduit à deux années, au lieu de cinq, le temps pendant lequel un sociétaire démissionnaire, ou exclu de la société, reste personnellement tenu envers les tiers de tous les engagements de la société contractés à l'époque de sa démission, ou de son exclusion.

## TITRE IV

### Dispositions relatives à la publicité.

Ces dispositions s'appliquent à toutes espèces de sociétés, même les sociétés en nom collectif. Elles sont les mêmes que celles établies au titre IV de la loi de 1867, à l'exception des modifications suivantes : La publication des actes et délibérations des sociétés dont le capital est divisé en actions, quand elle est obligatoire, aura lieu, en outre, dans un bulletin annexe du *Journal Officiel*, suivant un règlement d'administration publique à intervenir. L'article 64 dispose que, lorsque la société se constitue au moyen de souscription publique, le projet d'acte de société doit être publié dans le bulletin dix jours au moins avant l'ouverture de la souscription.

L'article 74 ne prescrit pas, comme l'article 64 de la loi de 1867, que les actes, factures, annonces, publications et autres documents émanant des sociétés portent l'énonciation du capital social, mais si ce capital est mentionné, la partie qui reste à verser doit être indiquée.

Les titres d'actions, provisoires ou définitifs, devront porter l'indication sommaire de : 1° l'objet et la durée de la société ; 2° la date de l'acte constitutif de la société et de sa publication au recueil officiel ; 3° le nombre d'actions et leur valeur nominale ; 4° la partie du capital social représentée par des apports en nature.

## TITRE V

### Dispositions relatives aux obligations.

C'est une législation entièrement nouvelle que nous abordons. La loi de 1867 ne s'était pas occupée des obligations, c'est-à-dire des emprunts faits par les sociétés par émission de titres constatant la reconnaissance des sommes à elles prêtées et l'engagement de les rembourser. L'émission d'obligations a pris un tel développement et une telle importance dans les affaires financières, qu'il a paru justement nécessaire de donner certaines garanties aux obligataires.

La première consiste dans le devoir imposé aux administrateurs ou aux gérants (article 77), de publier dans le recueil officiel, avant toute émission, un avis énonçant : 1° l'objet de la société ; 2° la date de l'acte de société et celle de la publication au recueil officiel, soit de l'extrait de cet acte, soit des modifications apportées aux statuts ; 3° le montant des obligations déjà émises par la société ; 4° le nombre et la valeur des obligations à émettre, l'intérêt à payer pour chacune d'elles, l'époque et les conditions du remboursement ; 5° le dernier bilan, ou la mention qu'il n'en a pas été dressé encore. Les affiches, prospectus, insertions dans les journaux, ainsi que les bulletins de souscription ou d'achat, les titres d'obligations provisoires ou définitifs devront contenir les mêmes énonciations, celles du numéro 5 exceptées, lorsque l'émission ou la mise en vente d'obligations aura lieu autrement qu'en vertu d'une décision de justice.

La seconde garantie est réglée par l'art. 75, qui porte que les sociétés ne peuvent émettre d'obligations, remboursables par voie de tirages au sort, à un taux supérieur au taux d'émission, si ces obligations ne rapportent pas au moins 3 °/₀ d'intérêt, et ne sont pas toutes remboursables à la même somme, à peine de nullité. Je ne suis pas partisan de cette interdiction, qui n'a été motivée que par la crainte de voir les compagnies constituer, au moyen d'une forte réduction de l'intérêt, de grosses primes de remboursement, équivalentes à des lots de loterie. Je suis d'avis de laisser aux compagnies, comme aux simples particuliers, la liberté d'emprunter aux conditions qu'elles veulent, ou plutôt qu'elles peuvent, même en établissant des lots, dans leurs tirages au sort. On a discuté et on discutera éternellement, peut-être, sur le droit que peuvent avoir les pouvoirs publics de mettre un frein à l'usure en décrétant un maximum d'intérêt, mais on n'a jamais vu, et je ne crois pas qu'on puisse admettre qu'une loi vienne imposer à un emprunteur un taux au-dessous duquel il ne pourrait pas emprunter. D'ailleurs, si le taux de 3 °/₀ est le taux actuel de l'intérêt de l'argent à la banque de France et dans les relations commerciales, ce taux peut s'abaisser, et c'est même là la tendance économique. Le législateur serait donc obligé de fixer un nouveau maximum, ou les compagnies ne pourraient plus emprunter qu'à des conditions beaucoup plus onéreuses que tout le monde. Aucune discussion cependant n'a eu lieu au Sénat sur cet article, qui a été adopté sur simple lecture.

L'art. 76 règle l'admission des obligations au passif, en cas de liquidations ou de faillites. De graves difficultés s'étaient élevées sur la question de savoir pour quel chiffre les obligations remboursables à un taux supérieur à leur prix d'émission seraient comptées au passif. Elles le seront pour une somme totale égale au capital qu'on obtiendra, en ramenant à leur valeur actuelle, au taux réel de l'intérêt de l'emprunt, les annuités d'intérêt et d'amortissement qui restent à échoir. Toutefois, dans le cas où les obligations comprises dans une même série ne sont pas émises à des conditions identiques, le taux de l'escompte des annuités à échoir est fixé à 5 %.

Les art. 78 à 87 confèrent aux porteurs d'obligations le droit de se réunir en quelque nombre que ce soit et de nommer des mandataires pour la surveillance de leurs intérêts, même pour les représenter en justice, et soutenir, tant en demandant qu'en défendant, toutes les actions qui peuvent les concerner comme créanciers, lorsque leur groupe forme au moins le vingtième du capital représenté par chaque série d'obligations. Ils peuvent aussi se réunir en assemblée générale, lorsque la convocation d'une assemblée générale a été l'une des conditions de l'emprunt, et alors cette assemblée nomme trois commissaires, qui sans pouvoir s'immiscer dans la gestion des affaires sociales, ont droit aux mêmes communications, délivrance de pièces ou de copies, que les actionnaires, et aux mêmes époques. Les mandataires de groupes formant le vingtième du capital obligation ont également le même droit. Mais les commissaires peuvent assister à toutes les assemblées générales quelconques des actionnaires, sans participer ni aux discussions, ni aux votes. Ils peuvent faire convoquer l'assemblée des porteurs d'obligations, aux frais de la société, autant de fois qu'il y aura des assemblées générales d'actionnaires, et la convoquer eux-mêmes, en dehors de ces cas, mais aux frais des obligataires. Ils sont enfin chargés de veiller à la réalisation des privilèges, hypothèques, ou autres causes de préférence accordées aux obligataires, et de s'assurer que les fonds empruntés reçoivent la destination indiquée lors de l'émission des obligations.

On ne peut qu'applaudir à cette législation, qui est l'expression très bien formulée des *desiderata* que l'expérience avait fait naître pour la définition et la protection légitime de la situation des obligataires. Mais il est un point que je regrette vivement de n'avoir pas vu paraître dans ce titre, et je vous demande la permission de vous en entretenir. Les sociétés par actions peuvent-elles être autorisées à émettre des obligations, lorsque leur capital actions n'est pas entièrement versé? C'est une question que j'ai vu souvent et longuement débattre dans les journaux de finance. Elle est si simple pour moi que je me demande toujours avec étonnement comment elle a pu être controversée. Lorsque l'on souscrit des actions d'une entreprise, c'est dans la pensée de faire un emploi de ses capitaux, c'est avec la certitude, par conséquent, d'avoir à les verser au fur et à mesure que le requerront les besoins de l'affaire, et avec la prévision de réunir ou de réserver à cet effet les ressources nécessaires. On ne comprend donc pas qu'un conseil d'administration, ayant sous la main les fonds dont il a besoin, qui s'attendent à être appelés, vienne proposer de les laisser dans la bourse des actionnaires et de contracter un emprunt pour leur compte. C'est à chaque actionnaire, s'il n'a pas disponible la somme à demander, à emprunter individuellement pour se la procurer, mais il est bizarre qu'une délibération vienne décider que tous les actionnaires, qu'ils aient ou non de l'argent, seront pour le présent dispensés de verser, et qu'on empruntera pour le compte de la masse. Si ce procédé est du goût des financiers, il fera assurément sourire des négociants, qui ont l'habitude d'employer leurs capitaux à leurs affaires avant d'avoir recours à ceux des autres. Quel est donc le mobile qui peut porter les financiers à agir de la sorte, malgré le risque incontestable qui peut résulter pour la certitude de libération des actions d'un délai prolongé, et de la décadence possible de l'affaire pendant cette durée? Le seul vrai est celui qu'ils ne diront pas, tandis qu'ils en développeront avec complaisance beaucoup d'autres. C'est qu'un titre de 500 fr., s'il n'est libéré que de 125 ou de 250 fr., par exemple, est plus " léger à porter ", suivant l'expression boursière, que s'il était libéré de la totalité; il se prête mieux à la spéculation, parce qu'il faut débourser moins d'argent pour le même nombre d'actions qu'on achète, et que d'autre part les variations de cours représentent une marge proportionnelle plus considérable sur 125 ou 250 fr. que sur 500. Ce motif ne me touche aucunement. Je n'ai aucune sympathie pour les faiseurs qui ne cherchent qu'à réaliser des différences, espérant pouvoir liquider avant l'heure de l'appel de fonds. Lorsqu'une société se décide à émettre des obligations, au lieu de faire appel à ses actionnaires, c'est généralement parce que sa situation est bien mauvaise, qu'elle craint que les actionnaires interpellés ne soient récalcitrants, et même disposés, ce qu'ils peuvent faire avec la loi actuelle qui admet les actions au porteur lorsqu'elles sont libérées de moitié, à abandonner leurs actions. Tandis qu'en sollicitant l'argent d'obligataires, avec la garantie des travaux effectués, et du matériel existant, et, à l'arrière plan, la garantie des versements restant à effectuer sur les actions, cette société a beaucoup plus de chance de réussir. Je voudrais donc qu'il fût inscrit dans la loi qu'aucune émission d'obligations ne pourra avoir lieu avant le versement total du montant des actions.

Cette question, qui n'avait pas été soulevée dans la première délibération de la loi, l'a été dans la seconde, par l'honorable M. Tolain, qui a parfaitement démontré qu'une société par actions, qui avait employé tout son capital, avait une situation beaucoup plus nette, beaucoup plus sérieuse pour emprunter que celle qui se hâtait d'emprunter, dans un état d'opérations moins avancé, moins facile à apprécier, en laissant — pour un temps — une partie de son capital dans la poche de ses actionnaires. L'honorable M. Gouin a discouru, mais il ne lui a pas répondu. On ne trouve pas, en effet, dans tout ce qu'il a dit, un seul argument, un seul essai d'argument même qui tende à établir qu'il est préférable pour une société d'émettre des obligations avant, plutôt qu'après la libération complète de ses actions. Malgré ce discours vide, le Sénat n'en a pas moins donné raison à M. Gouin par 108 voix contre 78.

## TITRE VI

### Des Tontines, des Sociétés d'assurances et des Sociétés civiles.

Cet intitulé n'est plus exact, l'article qui concernait les sociétés civiles ayant été reporté au titre IX, intitulé *Dispositions diverses*. Aucune autre observation n'est à présenter.

## TITRE VII

### Des Sociétés étrangères.

Toutes les dispositions de ce titre ont pour but d'imposer aux sociétés étrangères par actions, pour fonctionner en France, les mêmes obligations qui sont imposées par la présente loi aux sociétés françaises. Mais il faut au préalable qu'un décret ait, par mesure générale, permis aux sociétés de ce pays étranger d'exercer leurs droits et d'ester en justice en France.

## TITRE VIII

### Dispositions pénales.

Les dix articles de ce titre (article 97 à 106) forment un code précis et complet de pénalités pour toutes les infractions, dissimulations, méfaits et fraudes qui peuvent être commis par le gérant d'une société en commandite, le directeur, les administrateurs d'une société anonyme et les commissaires ou les membres des conseils de surveillance. Notamment, l'on a eu soin d'établir nommément la responsabilité pénale des administrateurs, commissaires ou membres de conseils de surveillance, dans tous les cas où elle peut être encourue. Je vous signalerai particulièrement, comme dispositions nouvelles, l'article 100 § 1er, qui punit des peines portées à l'article 405 du code pénal (1 an à 5 ans de prison, et 50 à 3,000 fr. d'amende) ceux qui, par des manœuvres frauduleuses, ont cherché à faire croire à des apports qui n'existent pas, ou à attribuer à des apports existants une valeur supérieure à leur valeur réelle; le paragraphe 4 du même article qui punit les administrateurs, aussi bien que les gérants, qui en l'absence d'inventaires ou au moyen d'inventaires frauduleux, ont opéré entre les actionnaires la répartition de dividendes fictifs, ou payé sciemment des intérêts après la période de premier établissement fixée par l'article 29; l'article 101, qui punit d'une amende de 500 à 10,000 fr. et d'un emprisonnement de 15 jours à 1 an, les administrateurs, directeurs et les gérants qui, en cette qualité, ont : 1° contrevenu aux dispositions de la loi interdisant certains genres d'opérations ; 2° fait des achats d'actions de leur société contrairement aux dispositions de la présente loi; 3° revendu ou fait revendre des actions régulièrement achetées et qui auraient dû être annulées.

## TITRE IX

### Dispositions diverses.

L'article 108 porte que les sociétés civiles qui divisent leur capital en actions doivent se conformer aux prescriptions de la présente loi, sous les mêmes sanctions civiles ou pénales.

Les articles 109 et 110 règlent par rapport à la nouvelle loi la situation des sociétés déjà existantes, et l'article 111 prononce l'abrogation nominative des articles du code de commerce et des lois de 1856, 1857, 1863 et 1867, qui sont remplacées par la nouvelle législation sur les sociétés. C'est un procédé législatif peu ordinaire, dont il faut faire honneur au Sénat. Presque toujours, en effet, nos législateurs se bornent à dire : " Toutes les dispositions contraires à la présente loi sont et demeurent abrogées. " C'est aux malheureux français qui sont comme on le sait, " censés connaître la loi ", à se débrouiller comme ils pourront dans les complications que présente la loi nouvelle dans ses rapports avec l'ancienne, à distinguer ce qui n'est pas abrogé de ce qui l'est, ce qui est modifié de ce qui n'est pas modifié, et dans quelle mesure ce qui est modifié peut encore être en vigueur. Le principe de doctrine que " nul n'est censé ignorer la loi ", est sans doute une règle de nécessité dans une société humaine, mais c'est à la condition que la loi soit claire et précise, intelligible pour chacun, en renfermant en elle-même d'une manière complète toutes les prescriptions qu'elle veut imposer. Espérons que ce bon exemple, dont nous sommes heureux de féliciter le Sénat, sera suivi désormais dans la confection des lois futures, ce qui ne permettra plus au peuple français de dire irrévérencieusement que si nos honorables législateurs se servent de cette formule vague ; " toutes les dispositions contraires à la présente loi sont et demeurent abrogées ", c'est qu'ils ne savent pas eux-mêmes, au juste, quelles sont, dans les lois qu'ils remanient, les dispositions qui continuent à être en vigueur.

J'ai fini, Messieurs, cette longue analyse du projet de loi sur les sociétés par actions. Mais, avant de déposer ma plume, je veux vous convier à examiner avec moi quel est son esprit, quel est le but qu'il se propose d'atteindre. Il a été l'objet, dans les journaux financiers, d'attaques véhémentes. Cette loi, a-t-on dit, viole le principe de la liberté des conventions ; elle tend à détruire, avec sa règlementation arbitraire et tyrannique, ses pénalités effrayantes, cet admirable instrument de l'association, auquel notre siècle doit la réalisation de tant de merveilles, et qui est l'espoir et le moyen de l'avenir pour le développement de la civilisation et du progrès. Quels sont, en effet, les fondateurs et les administrateurs qui consentiront à se soumettre à des formalités si rigoureuses, à des responsabilités aussi sévères ? Au lieu d'encourager à l'association, on en dégoûte et on en détourne. Tout cela, Messieurs, n'est qu'un bel étalage de paroles. On ne viole pas la liberté des conventions, en édictant des règles spéciales pour les associations qui se constituent par actions. Dans l'état de liberté des conventions, c'est-à-dire dans le droit commun, les associés sont indéfiniment responsables, et si la loi leur accorde ce droit d'exception de limiter leur responsabilité à la faveur de certaines formes spéciales de sociétés, il est bien naturel qu'elle règle ces formes, et qu'elle prenne les précautions nécessaires pour que l'intérêt des tiers et l'intérêt des actionnaires ne soient pas livrés à la complète discrétion de ceux qui sont les maîtres de l'affaire, sans autre garantie que leur bonne foi. De là, pour les fondateurs, les membres de conseils d'administration et les commissaires, l'obligation très légitimement imposée de veiller à ce que les formalités prescrites soient accomplies, et en général de remplir consciencieusement leurs fonctions. Les responsabilités sont moins sévères que dans la loi de 1867 ; elles ont été restreintes par les articles 41 et 43 et quant à l'étendue et quant à la durée, mais elles sont mieux prévues, mieux précisées, et si quelqu'un les encourt, il est certain que ce sera par sa propre faute. Quant aux pénalités, il est vrai qu'elles sont sérieuses et de nature à faire réfléchir, non pas les honnêtes gens, qui aiment et savent remplir leur devoir et qu'elles n'atteindront pas par conséquent, mais les coquins qui mettent en balance le profit à retirer de leurs actes illicites avec le préjudice résultant de la peine. C'est en vue de ceux-là que la nouvelle loi a aggravé les pénalités, en étendant à un plus grand nombre de cas les peines corporelles. Ce genre de châtiment est, en effet, ce qui leur sera le plus sensible et ce qui pourra le mieux les arrêter dans leurs desseins coupables, car s'il ne s'agissait que d'une amende à payer de 500 fr. à 10,000 fr., ce serait bien peu de chose comparativement à leurs bénéfices, et cela ne les toucherait guère; et quant aux dommages et intérêts auxquels ils peuvent être condamnés, ils savent les moyens de s'y soustraire. Non, la loi nouvelle ne détournera pas de l'association, pas plus que n'en avait détourné la loi de 1867 que l'on disait également draconnienne. Vous savez tous, en effet, Messieurs, quelle multitude de sociétés avaient été créées, quels tripotages financiers en avaient été la conséquence, et quels désastres ils avaient finalement amenés. Nous avons entendu dernièrement nous-mêmes, aux audiences de notre tribunal de commerce, comment certains habiles savaient jouer de l'instrument des sociétés par actions, et quels procédés ils mettaient en œuvre pour faire passer dans leur poches l'argent du public. Les affaires c'est l'argent des autres, telle est la triste et effrayante maxime qu'une morale trop indépendante tend à généraliser aujourd'hui. Le législateur a bien fait de s'émouvoir de cette tendance, et puisque la loi de 1867 était manifestement insuffisante pour prévenir les duperies, les scandales et les ruines, de chercher les moyens, par un ensemble de formalités, de règles et de pénalités, de faire en sorte que les affaires en actions que l'on proposerait fussent exposées aux futurs actionnaires d'une manière complète et sincère, que leur constitution et leur administration fussent loyales et sérieuses. Aura-t-il atteint son but? Aura-t-il absolument prévenu les manœuvres, empêché les fraudes, protégé le public actionnaire contre les habiletés des faiseurs? L'éminent rapporteur, M. Bozérian, n'en veut pas répondre, car leur esprit est bien fécond en ressources et en expédients; ce qu'il croit pouvoir assurer, c'est que la loi nouvelle les gênera beaucoup dans leur exploitation du public, et que le mal, s'il n'est pas supprimé, sera moins fréquent et moins grave.

Mais lors même que toutes ces prescriptions de la loi, dont on ne saurait contester sérieusement la sagesse, auraient pour effet d'empêcher un grand nombre de sociétés de se former, serait-ce donc un résultat si regrettable? N'est-il pas sensible, en effet, Messieurs, que si des sociétés ébauchées ne parviennent pas à se constituer, ce sera parce que, grâce aux précautions imposées par la loi, les gens qui auraient été tentés de s'y intéresser se seront mieux rendu compte de leurs conditions d'existence et de fonctionnement, et qu'ils n'auront pas eu confiance soit dans l'affaire, soit dans les hommes, peut-être dans l'un et l'autre à la fois? Ne vaut-il pas mieux, dès lors, qu'une société ne naisse pas que de mourir promptement ou de vivre mal en ruinant plus ou moins ses actionnaires? Ces réflexions m'ont conduit à faire une étude que je vais vous soumettre : c'est un état de situation des sociétés par actions, d'après le cours authentique de la Bourse de Paris de l'un des jours de la semaine dernière. J'y ai relevé 349 sociétés par actions inscrites à la cote, et, sur ce nombre, 108 seulement conservent des cours supérieurs à leur prix d'émission. Sur les 241 autres, 105 paient toujours des dividendes, mais leurs prix sont plus ou moins éloignés du pair. Les 136 autres ne paient plus, depuis plus ou moins longtemps, ni dividendes ni intérêts. N'aurait-il pas mieux valu que ces 136, et même ces 241 sociétés n'eussent pas réussi à se former? Combien en pourrait-on compter parmi elles qui, en ruinant leurs actionnaires, ont enrichi leurs fondateurs et leurs syndicats d'émission et de spéculation?

Je n'ai pas besoin de vous reproduire, Messieurs, la conclusion qui s'impose plus fortement encore après les constatations qui précèdent. Je termine en vous disant : la loi votée par le Sénat est une œuvre éminemment morale, sage et pratique; elle a été remarquablement étudiée et élaborée, et je vous propose de vous y associer, sous réserve des observations que je vous ai exposées au cours de ce travail.

A. Delaunay de Saint-Denis.

Après avoir entendu la lecture de ce Rapport et en avoir délibéré, MM. les Membres du Tribunal et de la Chambre de Commerce l'ont approuvé et converti en délibération commune aux deux Assemblées. Ils ont décidé qu'il serait adressé par M. le Président du Tribunal de Commerce à M. le Garde des sceaux et par la Chambre de Commerce à M. le Ministre du Commerce, puis qu'il serait imprimé et communiqué aux Chambres de Commerce.

9461 — Nantes, imp. Bloch, Le Gars et Ménard, rue de la Fosse, 32 et 34.

www.ingramcontent.com/pod-product-compliance
Ingram Content Group UK Ltd.
Pitfield, Milton Keynes, MK11 3LW, UK
UKHW022159190726
13855UKWH00004B/1543